週末が待ち遠しくなる
とっておきのお菓子

ふくどめ りほ

週末の夜に
お菓子を作って、
日曜日の朝、
ルームメイトと
一緒に食べる。

そんな生活を

何年も続けています。

はじめに

週末の夜にお菓子を作って休日の朝に食べる。
そんなささやかな週末の楽しみを何年も続けています。

ちょっと暑くなってきたから、今週末はひんやりしたお菓子がいいだろうか。
この週末は冷え込むらしいから、チョコレートを使った濃厚なお菓子にしようか。
そんなふうに平日から思い巡らせて材料を買いそろえると、
週末がじわじわと楽しみになってきます。

待ちに待った週末の夜。
静かなキッチンでひとり没頭して生地を仕込んで冷蔵庫に寝かせると、
不思議と心が落ち着きます。

翌朝、寝かせた生地を大切に取り出して、オーブンへ。
キッチンから漂ってくるお菓子の甘い香りで、お休みの朝が満たされます。

完成したお菓子は、ひとりで、あるいは誰か大切な人と一緒に、
出来立てをおなかいっぱい味わうのはもちろん、
これから始まる1週間の朝ごはんやおやつとして、少しずつ楽しみます。

私は、幼い頃に抱いた「ケーキ屋さん」の夢に向かってまっすぐ突き進み、
普段は食品の素材を扱う会社で、お菓子を作りながら、
レシピを考案する仕事をしています。

そして休日には、自分勝手に自宅でお菓子を作り、
ルームシェアをしている女友達(同居人と呼んでいます)にふるまってきました。

週末に作ったわが子のように愛しいお菓子たちのことを
記録としてSNSに投稿するようになり、
これもいつしか自分にとって欠かせない、大切な週末の習慣になっていました。
本書で紹介するレシピは、そんなルームシェア生活の中で生まれた、
とっておきのお菓子たちばかりです。

大きく切り分けて、好きなだけ食べたり、
みんなで仲良く楽しんだりできるお菓子や、
ソースなどで好みに合わせてアレンジできるお菓子。
ちょっとしたパーティー気分を味わえるお菓子など、
週末のひとときが待ち遠しくなるようなレシピを、
季節や気分の変化に合わせて紹介しています。

本書がきっかけで、お菓子のある楽しい週末を
ひとりでも多くの方に届けられたら嬉しいです。

Contents

1 何度でも食べたい、いつでもお菓子

2 うらら日和な春に作りたいお菓子

6 ご機嫌さんの スコーン

7 休日のパーティー！

8 おすそわけのクッキー

本書の使い方

●卵は基本的にMサイズで目安となる個数を示していますが、g表記
(殻を除いた 中身の重さ)も併記しています。確実に作りたい場合は、
卵の重量も都度確認しながら作ることをおすすめします。

●バターは無塩バターを使用しています。

●本書のお菓子は電気オーブンを使用しています。焼き時間はあくま
で目安です。お使いのオーブンによって様子を見ながら加減してくだ
さい。

●作り始める前に一度レシピを通読して手順を想像しておくと、思わ
ぬ失敗を防げます。

●生クリームの乳脂肪分の割合や、チョコレートのカカオ濃度などに
特別な指定はありません。お近くのお店で手に入る、お好みのものを
お使いください。

作り始める前に ❶

お菓子作りに役立つ、
おすすめの器具

スケール

本書は基本的に全ての材料
をg表記にしています。
1g単位で計れるスケール
があると便利です。

ボウル

基本のボウルに加えてもう
一回り小さいボウルがある
と、湯煎する際や氷水で冷
やす際に便利です。

ハンドミキサー

手では時間がかかってしま
う、メレンゲやホイップク
リームなどを泡立てる時に
重宝します。

泡立て器

大きい泡立て器はもちろん、
小さいほうもあると、ボウ
ルや鍋のサイズに合わせて
使い分けられて便利です。

ヘラ（木べら、ゴムベラ）

木べらはシュークリームの
生地作りや芋類を漉すため
に。ゴムベラは大小あると
便利です。

カード

スコーン作りでバターを刻
む時などに使います。ゴム
ベラ代わりに使えて、何か
と重宝します。

粉ふるい・漉し器

粉をふるったり、裏漉しし
たりするために。仕上げ用
に小さいサイズもあると使
いやすいです。

鍋

牛乳を温めたり、焦がしバ
ターを作ったりする際に使
用します。

ケーキ型

本書ではシフォン型、丸型、エンゼル型、タルト型を主に使用します。レシピ記載の型を選んでください。

バット

網付きのバットがおすすめ。カスタードを冷やしたり、ケーキの仕上げをする時に便利です。

ハケ

溶いた卵やシロップを生地の表面に塗る時に使用します。溶き卵は毛バケのほうが綺麗に塗れます。

パレットナイフ

ケーキの仕上げや、型から外す時に。ケーキの大きさやクリームの硬さに合わせて使い分けることも。

口金

種類が色々あるので、お好みで選んでください。星型は重宝します。（絞り袋は使い捨ての物で大丈夫です）

包丁

通常の包丁（写真下）だけでなく、細かい波歯の包丁（写真上）もあると便利。ケーキを綺麗にカットできます。

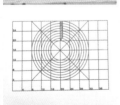

ペストリーボード

生地をこねたりのばしたりする際の作業台として、ひとつあると便利です。

めん棒

硬い生地に使う時は重いめん棒、表面を整えたい時は軽いめん棒など、複数を使い分けることも。

その他

・オーブンシート
・ラップ
・耐熱容器
・ジッパー付きの袋
・マフィン用カップ

お菓子作りが上達するための、
おすすめしたい3つの心構え

_____

最初はなるべく
レシピ通りにチャレンジ。

初めてのお菓子のレシピ、特に生地を作る場面では、まずはレシピ通りに作ってみることをおすすめします。
「バターが無いからマーガリンでいいかな」などと思ってしまうことがあるかもしれません。けれど、お菓子の生地は想像以上に繊細で、材料ひとつで仕上がりが全く違うものになります。だからこそ「ちゃんとレシピ通りに作ったらどんなお菓子になるのか」をきちんと確かめることが大切だと思っています。レシピ通りの味を知ったうえでアレンジに挑戦すれば、アレンジの幅も成功率もぐっと上がります。

途中で「失敗したかな?」と思っても、
最後まで作ってみる。

お菓子作りを始めたばかりの頃、私はいつも失敗ばかりしていました。基本のクッキーで卵とバターを分離させたこともあります。ただ当時から諦めの悪かった私は「せっかくここまで作ったんだし…もしかしたら意外とおいしいかもしれないし…」と、ひとまず作りきってみることにしていました。すると、「あれぐらい柔らかな生地だとこんな焼き上がりになるのか」という新しい発見につながり、いつの間にか貴重な経験値となって上達への近道になっていました。なによりも、焼いてみたら意外とうまくいくこともあります(笑)!
「失敗かな」と落ち込んで諦める前に、まずは試しに最後まで作りきってみてください。
何度も挑戦するうちに、きっとコツがつかめます。

無理をしてまで
作らなくて大丈夫。

週末に作る予定で材料を買っていたけれど、前日の夜に「やっぱり疲れているし、面倒くさいな…」と思ってしまうこともあるでしょう。

そういう時は、絶対に無理せず休んだほうがいいと思っています。お菓子作りは、やりたい時にやったほうが楽しいですし、うまくいきます。お菓子は無理をして作るようなものではありません。

作りたい時に作るほうが、幸せな気持ちでお菓子と向き合えて、結果的にうまくいくんじゃないかと思っています。

1

何度でも食べたい
いつでもお菓子

1週間、忙しくて買い物に行けなかった、何を作るかずっと考えて
なんにも思い浮かばなかった…。
そんな週末にくり返し何度も作っている定番のお菓子がいくつかあります。
登場すると歓声が上がる大きいプリンや、ふかふかのミルクティシフォン、
謎に数本残されて黒く熟れたバナナのケーキ…。
どれも、私も同居人も食べなれた大好きなお菓子です。
どのお菓子もたっぷりの生クリームがぴったりなので、
どれだけ疲れていても生クリームを求めてスーパーへ走ります。

No.01

大きいプリン

プリンは大きいほど幸せ！

材料
（18cmケーキ型1台分）

カラメル	A	B
グラニュー糖…90g	牛乳…640g	全卵…6個（300g）
水…30g	生クリーム…100g	卵黄…1個（20g）
	グラニュー糖…70g	グラニュー糖…100g
	バニラペースト（あれば）…3g	

準備

● 湯煎のお湯を沸かしておく。
● オーブンを160度に予熱しておく。

作り方

1 カラメルを作る。材料を鍋に入れ、中火にかけてふつふつと沸騰させ、茶色くなったら火を止める。[a] 出来たら型に流し入れ、型を回して全面に行き渡らせ、冷ます。この時、気泡があれば爪ようじなどで潰しておくと、型から出した時に表面が綺麗に仕上がる。

2 プリン生地を作る。カラメルを作った鍋にそのままAを全て入れ、鍋についたカラメルを溶かすようにして沸騰直前まで温める。

3 Bを全てボウルに入れ、卵白の塊が無くなるまできちんと混ぜる。空気が入って泡立たないように、ボウルの底に泡立て器をつけたまま混ぜると良い。

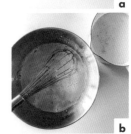

4 3に2を3回に分けて加え、その都度混ぜる。この時も空気が入らないように注意する。[b]

5 4を粉ふるいや目の細かいザルで2度漉し、1に流し入れる。

6 オーブンの天板やバットに型を置き、型の周りに湯を注ぐ。予熱しておいたオーブンの温度を150度に落とし、100分ほど焼く。型下に布巾を敷くと、すが入りにくく滑らかに焼き上がる。[c] 竹串を刺して、何もついてこなければ焼き上がり。

7 オーブンから出して粗熱が取れたら冷蔵庫で一晩冷やす。型の側面に包丁をさしこみ、ぐるっと一周させて皿に返し、型から外す。[d]

ミルクティシフォン

空気みたいで無限に食べられる、
もにもにふわふわのケーキ。

材料(17cmシフォンケーキ型1台分)

卵黄生地
　牛乳…60g
　紅茶の茶葉
　　(葉が細かい市販のティーバッグ)…4g
　卵黄…3個(60g)
　三温糖…30g
　サラダ油…50g
　薄力粉…60g

メレンゲ
　卵白…4個分(120g)
　グラニュー糖…50g

準備

- ●型の筒にオーブンシートを巻いておく。
- ●卵白は冷蔵庫で泡立てる直前まで冷やしておく。
- ●薄力粉はふるっておく。
- ●オーブンを170度に予熱しておく。

作り方

1 卵黄生地を作る。鍋に牛乳とティーバッグから取り出した茶葉を入れ、弱火にかけて煮出す。沸騰直前まで温めたら火を止め、5分ほど蓋をして蒸らす。[**a**]

2 卵黄に三温糖を加え、泡立て器で白っぽくもったりするまで泡立てる。[**b**]

3 **2**にサラダ油、**1**の順に加え、その都度しっかり混ぜる(**1**を加える際は、茶葉も含めて全て加える)。

4 **3**に薄力粉をふるい入れ、中心から周りの粉を巻き込むようにぐるぐる混ぜる(こうすることで、ダマが出来にくくなる)。

5 メレンゲを作る。卵白にグラニュー糖⅓を加え、ふんわりするまで泡立てる。残りも2回に分けて加えて都度泡立てて、しっかり目の詰まったメレンゲを作る。[**c**]

6 **4**の卵黄生地にメレンゲをひとすくい加え、泡立て器でぐるぐる混ぜる。残りのメレンゲは2回に分けてゴムベラで混ぜる。

7 **6**を型に流し入れ、トントンと落として空気を抜く。箸などを使ってぐるぐると混ぜて大きな気泡を潰し、放射状に筋を入れる。[**d**]

8 170度に予熱したオーブンで約60分焼く。焼き上がったら逆さまにして冷ます。

No.03

バナナケーキ

手作りお菓子の王道。

材料（15cmケーキ型1台分）

バナナ… 2本（200g強）
レモン汁… 5g
ラム酒（あれば）… 5g
牛乳…30g
バター…30g
全卵…2個（100g）
グラニュー糖…80g

A
薄力粉…130g
ベーキングパウダー… 5g
シナモンパウダー… 2g

シロップ
レモン汁…10g
水…10g
グラニュー糖…10g

仕上げ
ナッツやチョコチッ
プなど、好みのトッ
ピング…適量
（今回はアーモンド
スライスとあられ糖）

準備

● 湯煎のお湯を沸かしておく。
● 型に型紙を敷いておく。
● **A**は合わせてふるっておく。
● オーブンを180度に予熱しておく。

作り方

1 バナナを約1cm厚にスライスし、そのうち130gを
耐熱皿に入れ、粗く潰す。レモン汁を加え、ふんわ
りラップをして500Wのレンジで2分加熱し、ラム
酒を加え混ぜる（残したバナナのスライスは**8**で使用）。
[**a**]

2 耐熱の器にシロップの材料を合わせて砂糖が溶ける
までレンジで加熱する。

3 牛乳とバターを合わせて湯煎で溶かす。

4 ボウルに全卵とグラニュー糖を入れ、混ぜながら湯
煎する。指で生ぬるいと感じる程度に温まったら、
ハンドミキサーで白くきめ細かく、垂らした時に線
がしっかり描けるまで泡立てる。[**b**]

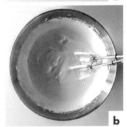

5 **4**に**A**をふるい入れ、ゴムベラで底からすくうよう
に混ぜ、粉っぽさが少し残る状態まで混ぜる。[**c**]

6 **5**に**3**を加え、生地が滑らかになるまで混ぜる。滑
らかになったら混ぜるのをすぐストップする。

7 **6**に**1**を加え、全体が混ざるよう、大きくさっくり
と混ぜる。

8 型紙を敷いた型に**7**を流し入れ、約10cmの高さか
らトントンと落とし、生地表面をならしたら、残り
のバナナ、その他好みのトッピングをする。[**d**]
180度に予熱したオーブンで約30分焼く。中心を軽
く指で押し、へこまず押し返すような弾力があれば
焼き上がり。

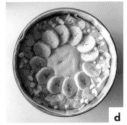

9 **2**で作ったシロップをトッピングのバナナの表面に
塗る。

お菓子作りの世界との出合い

私がまだ幼い頃、週末は祖母と一緒によくクッキーを焼いていました。祖母はお菓子作りが好きな人で、クリスマスケーキのデコレーションをしてくれたり、一緒にケーキを焼いたりすることもありました。
母も手作りが好きな人で、よくホットケーキを焼いてくれました。母とマシュマロ作りをしてちょっと失敗してしまった思い出も印象に残っています。

小学4年生になると、本を見ながら自分ひとりでお菓子を作れるようになってきて、
夜、父と一緒に足りない材料を買い出しに行った記憶もあります。

こんな感じで小さな頃の記憶は、お菓子や食べ物のことばかり。生活の中にはいつもお菓子作りがありました。そんな日々が私の原体験となり、小学生になる頃には、自然とお菓子作りを一生の仕事にしたいと思うようになっていました。

高校受験に差し掛かり、製菓の専門コースがある高校を見つけた時「ここしかない」と確信しました。私立の学校で学費が高かったのですが、両親に頼みこんで、進学させてもらいました。高校時代は製菓のコンクールに挑戦するなど、ひたすら真剣に製菓の技術と向き合いました。そして高校卒業が近づくにつれ、さらに専門的に学びたいと思うようになって、大阪の専門学校で勉強を続けることにしました。

専門学校の授業はとても充実していて、知識の量も爆発的に増え、世界が一気に広がりました。周囲の仲間とも真剣勝負の世界。アルバイト代を材料代に費やして自宅で試行錯誤をくり返し、少しずつ自信をつけました。

卒業後も望んでいたパンや製菓の仕事に恵まれ、振り返ると私はずっと大好きなお菓子に囲まれて生きています。幼少期から私の生活の一部だったお菓子作りは、やはり失うことのできない、自分の大切な一部です。

祖母作。私の原点ともいえるケーキ

2

うらら日和な
春に作りたいお菓子

春は大好きな季節です。太陽も風も植物も、感じるもの全てがあたたかくて優しくて、
どの国にも春の訪れを喜ぶ行事や食べ物がたくさんあるのにも頷けます。
いつものスーパーでぴかぴか光る赤い苺や、見るからに甘く柔らかそうな
春野菜たちを見かけると、思わずにこにこしてしまいます。
そんな春は毎日ときめいているからか、気づくとお菓子たちは
いつもよりもとびきり可愛くおめかししています。
花より団子ならぬ、花よりケーキ。
目で見て、食べて楽しむお菓子たちで、春を感じてみてください。

桜と餡子のケイク

一気に春色！
ミルキーな生地がくせになる。

材料（直径16㎝×高さ4㎝エンゼル型1台分）

生地

| バター…80g
| グラニュー糖…50g
| 全卵…1個(50g)
| 粒あん…100g
| 牛乳…30g
| 薄力粉…90g
| スキムミルク(あれば)…10g
| 桜の塩漬け(塩抜き後)…15g

仕上げ

| ホワイトチョコレート…30g
| 桜の塩漬け(塩抜き後)…適量

準備

● 材料は全て常温に戻しておく。
● 桜の塩漬けは30分ほど水にさらして塩抜きして
　水気を絞り、生地用の分だけ刻んでおく。
● 薄力粉、スキムミルクは合わせてふるっておく。
● オーブンを180度に予熱しておく。

作り方

1 生地を作る。バターにグラニュー糖を加え、白っぽ
　くふんわりするまで混ぜる。

2 **1**に全卵をおよそ4回に分けて加え、その都度しっ
　かり混ぜる。

3 **2**に粒あん、牛乳、桜の塩漬けを加え、しっかり混
　ぜる。[**a**]

4 **3**に合わせてふるっておいた薄力粉とスキムミルク
　をふるい入れ、ゴムベラで滑らかに艶が出るまで混
　ぜる。[**b**]

5 型に**4**の生地を入れ、[**c**] 予熱したオーブンで約30
　分焼く。串を刺して何もついてこなくなり、中心を
　指で軽く押してへこまなければ焼き上がり。型のま
　ましばらく冷ます。

6 仕上げ。ホワイトチョコレートを湯煎して溶かし、
　冷ました生地にかける。最後に桜の塩漬けを飾る。
　[**d**]

No.05

苺ジャムの
ヴィクトリアケーキ

カサッとした生地に
ジューシーなジャムを挟んで。

材料（18cmケーキ型1台分）

生地

- バター…180g
- グラニュー糖…150g
- 全卵…3個(150g)
- 薄力粉…150g
- コーンスターチ…20g
- ベーキングパウダー…3g

バタークリーム

- バター…100g
- グラニュー糖…40g
- 練乳…15g
- レモン汁…5g

仕上げ

- 苺ジャム…50gほど
- 粉砂糖…適量

準備

- ●材料は全て常温に戻しておく。
- ●型に型紙を敷いておく。
- ●薄力粉、コーンスターチ、ベーキングパウダーは合わせてふるっておく。
- ●オーブンを180度に予熱しておく。

作り方

1 生地を作る。バターにグラニュー糖を加え、白くふんわりするまで泡立てる。[a]

2 1に全卵を5回に分けて加え、その都度しっかり泡立てる。指で触った時にグラニュー糖の粒のざらつきが感じられなくなる程度までしっかり混ぜる。

3 2に薄力粉、コーンスターチ、ベーキングパウダーをふるい入れ、粉っぽさが無くなり、生地に艶が出て滑らかになるまでゴムベラで混ぜる。[b]

4 3を型に入れ、生地表面をならす。[c] 予熱したオーブンの温度を170度に下げたら約40分焼き、完全に冷ます。

5 バタークリームを作る。バタークリームの材料全てをボウルに入れ、ハンドミキサーなどで白くふんわりするまで泡立てる。[d]

6 仕上げをする。4で冷ました生地を横半分にスライスし、下側の生地に5のバタークリームを塗り、その上に苺ジャムを重ねて塗る。上半分の生地を重ね、粉砂糖をふって完成。

キャロットケーキ

「可愛い」というより
「ラブリ〜！」って表現がぴったりなケーキ。

材料（18cmケーキ型1台分）

人参…200g
全卵…2個（100g）
ココナッツシュガー…80g
グラニュー糖…20g
　（ココナッツシュガーが無
　い場合は、砂糖を黒糖70g
　とグラニュー糖30gに変更
　する）
油…100g
　（サラダ油や米油など常温
　で液体の油であれば良い）

A

薄力粉…130g
薄力全粒粉…30g
　（なければ薄力粉で代用し
　て良い）
ベーキングパウダー…10g
シナモンパウダー…5g
ナツメグパウダー…2g

B

クルミ…50g
レーズン…45g
　（湯戻し前。湯戻し後は60g）
ココナッツファイン…30g

チーズフロスティング

クリームチーズ…150g
バター…50g
粉砂糖…60g
レモン汁…10g

仕上げ

ドレンチェリー…8個
かぼちゃの種…16個

準備

● 材料は全て常温に戻しておく。

● Aを合わせてふるっておく。

● レーズン30分ほど湯戻しして水気を絞っておく。

● クルミはロースト（※）して冷ましておく。

※ホールのまま170度のオーブンに入れて約5分経った段階で一度かき混ぜ、さらに5分オーブンでロースト。きちんと火が通り、色が変わっているかを割って確認すると良い。

● オーブンを180度に予熱しておく。

作り方

1 生地を作る。人参は皮を剥いてすりおろして、200g分の人参が130〜140gになるよう水気を絞る。

2 全卵にココナッツシュガーとグラニュー糖を加え、もったりするまで混ぜ、油を加えてさらによく混ぜる。

3 2に合わせてふるったAを加え、ぐるぐると中央から粉を巻き込むようにして混ぜる。[a]

4 3にBと、1の人参を加え、[b] ゴムベラで滑らかになるまで混ぜる。完成した生地を型に流して表面を整えてから、[c] 予熱したオーブンで約30分焼く。冷めたら型から外してラップで包み、一晩寝かせる。

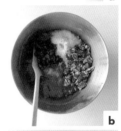

5 チーズフロスティングを作る。ボウルに全ての材料を入れ、泡立て器でふんわりするまで泡立てる。[d]

6 仕上げに飾り付ける。チーズフロスティングを最後の飾り付け用に100g弱、取り分けておく。残りのチーズフロスティングを表面に塗り、取り分けておいた分を絞って、ドレンチェリー、かぼちゃの種を飾る。

No.07

バタフライケーキ

イギリスでいちばん可愛いお菓子かもしれない。

材料（型底5cmマフィンカップ5個分）

生地
- バター…90g
- 上白糖…70g
- バニラオイル…適量
- 全卵…2個(100g)
- 薄力粉…80g
- ベーキングパウダー…1g
- 牛乳…20g

レモンクリーム
- 全卵…1個(50g)
- グラニュー糖…40g
- 強力粉…10g
- 牛乳…90g
- レモン汁…40g
- バター…10g

※全部は使い切りませんが、作りやすい最少量の分量です。

仕上げ
- ホイップクリーム…適量
- 粉砂糖…適量

準備

- 材料は仕上げのホイップクリーム以外は全て常温に戻しておく。
- 薄力粉、ベーキングパウダーは合わせてふるっておく。
- レモンクリーム用の強力粉もふるっておく。
- オーブンを170度に予熱しておく。

作り方

1 生地を作る。バターに上白糖を加え、泡立て器で白っぽくふんわりするまで泡立てる。

2 1にバニラオイル、全卵を5〜6回に分けて少しずつ加え、その都度しっかり混ぜる。

3 2に薄力粉、ベーキングパウダーをふるい入れ、ゴムベラで少し粉っぽさが残るまで混ぜる。さらに牛乳を加えて、滑らかになるまで混ぜ合わせる。

4 3を5等分してマフィンカップに入れ、[**a**] 予熱したオーブンで約25分焼き、完全に冷ます。焼き上がると中心がへこむが、それで良い。

5 レモンクリームを作る。全卵とグラニュー糖を混ぜたら、さらに強力粉、牛乳、レモン汁の順に加えてその都度混ぜ、鍋に漉し入れ、弱火でクリーム状になるまで加熱する。最後にバターを加えて完全に溶けて無くなるまで混ぜる。バットなどにあけ、ラップをして冷蔵庫で約1時間強冷やす。[**b**]

6 仕上げ。5のレモンクリームはボウルにあけ、ゴムベラで柔らかくなるまで混ぜ戻す。冷ました4の中心に口金などで丸い印をつけ、ペティナイフでくりぬく。[**c**] くりぬいた生地は半分に切り、半月形にする。

7 くりぬいた部分にレモンクリームを入れ、[**d**] その上に蓋をするようにホイップクリームを絞る。6でくりぬいて半月形にカットしておいた生地を蝶々のように飾り、粉砂糖をふりかけたら完成。

デコレーションの時、
気を付けていること

デコレーションをする時に気を付けていることは、
ちょっとゆがんじゃったかな…と気になっても、なるべく触らないこと。
無理にやり直さないことです。

綺麗に見せようとしてベタベタと何度もやり直すと、いつまでもあちこ
ち触りたくなって余計に汚い見た目になりがちです。
さらに「ベタベタいっぱい触ったんだな」と食べる人に見た目から伝わ
ると、衛生的にちょっと大丈夫かな…と気になってしまう人もいるか
もしれません。

それならいっそ、ちょっとゆがんじゃっているくらいのほうが、
手作りの温かみが伝わってきて可愛いらしいなと思っています。
週末にのびのびと作るお菓子は、ゆがんでいるくらいがちょうどいい。

とはいえ「土台がゆがんでしまって気になるな…」という場合には、
ちょっとした工夫で印象をよくすることもできます。

たとえば、私のレシピの場合は「どこを切っても同じ味になるお菓子」
が多いです。
ですから、ケーキに飾るチェリーなどは、できるだけ等間隔に、均等に
なるように気を付けてのせてみてください。

不思議なことに、たとえ土台のケーキがちょっとゆがんでいても、上に
のっているものの角度や正面から見える向きをしっかり統一すると、な
んだか整って見えるんです。

お菓子を触る回数はなるべく減らしてデコレーションする。
そして、上にのせるものは均等に並べるように気を付ける。
ぜひ、試してみてください。

同居人に作った誕生日ケーキのデコレーション

3

どこまでも続く
夏のお菓子

夏、年々長くなっているように感じませんか。
このうだるような暑さはいつまで、どこまで続くんだろうか…。
そんな風に思いながら、毎年果てしない夏を過ごしています。
長い間続く夏だから、何度でも作れるように、ぱぱっとできる簡単なお菓子をご紹介します。
暑い外から命からがら逃げ帰って冷蔵庫を開けると、まさにオアシス！
ひんやり冷えたお菓子たちが出迎えてくれます。
夏はちょっと苦手だけど、クーラーの効いた部屋で涼みながら冷たいお菓子を頬張ると、
ほんのちょっとだけ、夏を好きになれそうな気がします。

No.08

ニューヨークチーズケーキ

じわっと滑らか。
湯煎焼きと、チョコ付きクッキーがポイント。

材料（15cmケーキ型1台分）

チョコ付きクッキー…100g
生地
　クリームチーズ…200g
　バニラペースト（あれば）…2g
　グラニュー糖…85g
　ギリシャヨーグルト…100g

卵黄…1個（20g）
全卵…1個（50g）
ホワイトチョコレート…40g
生クリーム…100g
レモン汁…20g
強力粉…20g

準備

- 湯煎のお湯を沸かしておく。
- 型底の外側をアルミホイルで覆っておく。
- 材料は全て常温に戻しておく。
- オーブンを170度に予熱しておく。

作り方

1 チョコ付きクッキーを細かく砕き、[**a**] 型底にスプーンなどを使って敷き詰め、生地を作る間に冷蔵庫で冷やしておく。

2 生地を作る。クリームチーズをゴムベラでダマがないように滑らかにし、バニラペースト(あれば)、グラニュー糖、ギリシャヨーグルトの順に加え、ゴムベラで混ぜる。

3 2に卵黄、全卵の順に加え、その都度ゴムベラでしっかり混ぜる。全卵は約3回に分けて加えると良い。[**b**]

4 ホワイトチョコレートを湯煎で溶かし、3を2すくい分ほど加えてのばすようにして合わせ、それを3に戻して混ぜ合わせる。

5 4に生クリーム、レモン汁の順に加え、その都度よく混ぜる。

6 5に強力粉をふるい入れ、中心から少しずつ巻き込むようにしてダマが出来ないように混ぜる。

7 1に6を漉しながら流し入れ、[**c**] トントンと空気を抜き、天板に湯を型下3cmくらいまで張り、予熱したオーブンで90分ほど、湯煎焼きにする。[**d**]

8 粗熱が取れたら一晩冷蔵庫で冷やし、型から外す。

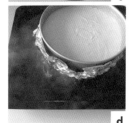

Point

- とにかく空気を入れないよう、終始ゴムベラで混ぜます。

- 焼く前の空気抜きは多めに丁寧にすると、焼き上がった時の表面が綺麗になります。

No.09

ヨーグルトティラミス

濃厚なのにさっぱり、
夏向きティラミス。

材料（20cm×14cm×4cmオーバル皿1つ分） ※どんな容器でも作れます

シロップ
- 水…150g
- インスタントコーヒー
  …7g
- 上白糖…25g
- ラム酒などの洋酒（あれば）
  …5g

ティラミスクリーム
- 生クリーム…200g
- 上白糖…70g
- プレーンヨーグルト
  …400g
  （水切り前。
  水切りしたら200g）

その他
- 市販のスポンジや
  カステラ…100g
- ココアパウダー…適量

準備

- プレーンヨーグルトは一晩ほど水切りしておく（※）。
  （400g→約200gが目安）
- 1の手順でシロップを作り、冷蔵庫で冷やしておく。
  前日に作っておくと良い。

※ヨーグルトの水切り：大きなボウルに、キッチンペーパーを敷いたザルを底に浮くように重ね、キッチンペーパーでヨーグルトを包み、水を入れたコップなどを重石としてのせると良い。

a

作り方

1 シロップを作る。シロップの洋酒以外の材料を耐熱容器に入れ、レンジで砂糖が溶けるまで500Wで1分程度加熱し、溶けたら洋酒を加え冷蔵庫で冷やしておく。

2 皿にカステラを敷き詰め、1をスプーンなどで全体が染みる程度に回しかけ、[a]冷蔵庫で3時間以上冷やしておく。

b

3 ティラミスクリームを作る。生クリームに上白糖を加え、硬めの8分立てに泡立てる。

4 水切りしておいたヨーグルトをゴムベラなどで滑らかにし、そこに3をひとすくい加えて、しっかり混ぜ合わせる。

c

5 4を残りの3に加え、全体がまんべんなく混ざるように、底からすくい上げるようにしながらゴムベラで混ぜ合わせる。[b]

6 仕上げ。2の上に5を皿の縁まで敷き詰めて表面を整え、[c]残った分の5を表面に絞って飾り付ける。[d]

7 6の表面にココアパウダーをふりかけて仕上げる。

d

珈琲クリームあん蜜

トッピングは欲望のままに追加して。

材料(小鉢2つ分)

珈琲寒天
  ブラックコーヒー…500g
  粉寒天…4g
  上白糖…15g

黒蜜
  黒砂糖…30g
  水…10g

仕上げ
  バニラアイス…適量
  ホイップクリーム…適量
  粒あん…適量
  その他好みのもの…適量
   (今回は缶詰のさくらんぼと白玉)

作り方

1　珈琲寒天を作る。ブラックコーヒー、粉寒天を鍋に
　入れ、2分ほど混ぜながら沸騰させる(時間は粉寒天
　の箱に書いてある通りに)。

2　1の火を止め、上白糖を加えて溶かし、保存容器に
　流し入れて一晩冷蔵庫で冷やし固める。[a]

3　黒蜜を作る。黒蜜の材料全てを耐熱皿に入れ、ラッ
　プをかけずにレンジで黒砂糖が溶けるまで加熱し
　(500Wで20〜30秒ほど、様子を見ながら)、冷やしてお
　く。[b]

4　仕上げ。冷やして固まった2の珈琲寒天を好きなサ
　イズにカットして器に入れ、3の黒蜜を絡める。仕
　上げにバニラアイス、ホイップクリーム、粒あんの
　ほか、好みのトッピングをしたら完成。

a

b

ココナッツのパンナコッタ

個人的おすすめはちょっと酸っぱい
フルーツソース。

材料

（小さめグラス約5つ分）　※作る時は、お好きな容器で

冷水…20g　　ココナッツミルク…200g
粉ゼラチン…10g　生クリーム…100g
　　　　　牛乳…100g
　　　　　グラニュー糖…70g
　　　　　バニラペースト（あれば）
　　　　　　… 3g

仕上げ

市販のフルーツソース
　（お好みで）…適量

準備

●冷水に粉ゼラチンをふり入れ、冷蔵庫で10分ほどふやかしておく。
●氷や保冷剤など、材料を冷やすためのものを準備しておく。

作り方

1　粉ゼラチンと冷水以外の材料を全て鍋に入れ、沸騰しない程度（60度くらい。鍋肌がふつふつとする程度）まで温める。[**a**]

2　1にふやかしておいた粉ゼラチンを加えて溶かす。溶けたらボウルに移す。

3　ひとまわり大きい別のボウルに氷や保冷剤を入れ、その中に2をボウルごと入れて冷ましながら、とろみが出るまでゴムベラで優しく混ぜる。[**b**]

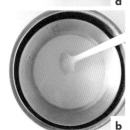

4　3を好きな容器に流し入れ、[**c**]ラップをして一晩冷蔵庫で冷やし固める。

5　お好みで、市販のフルーツソースをかけて完成。[**d**]

材料のこだわり、砂糖のこと

材料のこだわりは？ と聞かれたら、砂糖のことが最初に頭に浮かびます。砂糖にはいろいろな種類があるので、レシピによって自分のイメージするものに合わせて変えています。

「砂糖によって何が変わるんだろう？ 味かな？」と思う方もいらっしゃるかもしれません。もちろん味は変わりますが、生地の見た目の質感からして、選ぶ砂糖によって全然違ってくるんです。

たとえばクッキーを作る時に粉砂糖を使うと、
きめが細かくて歯触りのいい、すべすべとしたクッキーになります。
グラニュー糖で作ると、粉砂糖よりも"ざくざく"とした見た目になり、
上白糖で作ると、さらに"じゃりじゃり"とした見た目になります
（グラニュー糖は、粉砂糖と上白糖の間くらい…というイメージでしょうか）。

グラニュー糖と上白糖とをさらに比べると、
お菓子の見た目の質感以外にも、「焼き時間」や、食べた時の「食感」
も変わります。

グラニュー糖で作ったお菓子は、砂糖の甘さがあとをひかない、お店っぽい仕上がりになります。

一方、上白糖で作ると、砂糖が歯に詰まるような、"ザリザリ"とした歯触りになり、焼き色が入るまでの時間も少し短くなります。そして、「おうちで作る、家庭のお菓子」という、少し甘さが口に残るような懐かしさのある仕上がりになります。

砂糖ひとつでお菓子の表情は全く違うものになるので、砂糖選びは重要です。
レシピで指定がある場合にはぜひその砂糖を使って、違いを楽しんでみてください。

生地には上白糖、仕上げにはグラニュー糖を使うことも。

4

本当は ひとりじめしたい
秋のお菓子

まるまる太った芋栗南瓜(いもくりなんきん)、それから林檎。
秋は食べないといけないものがいっぱいで大忙しです。
ふくふく実った秋たちを食べて、こちらの心も身体もふくふくに…。
秋をぎゅっと詰め込んだお菓子は、一口味見すると
抱え込んで内緒にしてしまいたくなるほどおいしくて。
朝のキッチンでひとり「このままひとりじめしてしまおうか」なんて欲望が頭をよぎります。
だけど、同居人の「おいしい」という声を思い出して、
やっぱりふたりで食べたくなって、今日も今日とて、私はケーキを切り分けるのです。

No.12

スイートポテトケーキ

秋の恵みを詰め込んだ、しっとりなめらかなケーキ。

材料 (15cmケーキ型1台分)

りんご煮
| りんご… 1 個(200g強)
| グラニュー糖…25g

スイートポテト
| さつまいも…400g
| グラニュー糖…80g
| 卵黄… 2 個(40g)
| 生クリーム…80g〜100g

塗り卵
※表面に光沢をつける
ための溶き卵
| 卵黄… 1 個(20g)
| みりん… 5 g

大学芋
| さつまいも…120g
| 醤油…10g
| はちみつ…10g
| 水…大さじ 1 (15g)
| 塩…ひとつまみ
| ラムレーズン(お好みで)
| …適量

準備

- さつまいもを蒸すための熱湯をたっぷり沸かしておく。
- 卵黄とみりんを混ぜて、塗り卵を用意しておく。
- オーブンを180度に予熱しておく。

作り方

1 りんご煮を作る。りんごの皮をむき、芯を取って8等分のくし形切りにする。耐熱皿に並べてグラニュー糖をふりかけ、ふんわりラップをして500Wのレンジで5分加熱し、ラップをしたまま冷ます。

2 スイートポテトを作る。さつまいもを皮ごと3cm厚にスライスし、中火で20分ほど蒸す。熱いうちに皮をむいて裏漉しする。

3 2にグラニュー糖を加えて全体がしっとりするまで混ぜる。卵黄、生クリームを加え、なめらかになるまでゴムベラで混ぜる。[a]

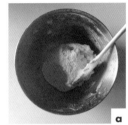

4 3の生地を4等分し、¼は飾り付け用に残しておく。生地の残り¾をケーキ型に入れ、平らにならしてりんご煮を敷き詰める。[b] 残り¼を上から入れ、りんごが隠れるように表面を平らにならし、ハケで塗り卵を表面に塗る。

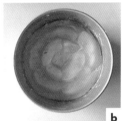

5 4の上に、飾り付け用に残しておいた生地を絞り出し、ラップをして30分ほど冷蔵庫で冷やす。[c] 冷えて生地が硬くなったら再び塗り卵を塗り、予熱したオーブンで焼き目がつくまで30分ほど焼く。冷ましてから型を外す。

6 大学芋を作る。さつまいもを2〜3cm角に切り、耐熱皿に水大さじ1と共に入れ、ふんわりラップをして500Wのレンジで4分加熱する。油(分量外)を多めにひいたフライパンでカリッとするまで中火で焼く。[d]

7 醤油、はちみつ、水、塩を鍋に入れて沸騰させ、6とラムレーズンを加え、少しとろっとするまで絡めながら加熱する。

8 仕上げ。5の中心に、出来上がった7を盛り付ける。

No.13

りんごの焼き込みタルト

どんなりんごも焼いたら変身！

材料（18㎝タルト型1台分）

りんご煮
りんご…1個（200g強）
グラニュー糖…20g
レモン汁…5g

タルト生地
バター…60g
粉砂糖…30g
全卵…½個（25g）
薄力粉…90g

アーモンド生地
バター…50g
粉砂糖…50g
全卵…½個（25g）
アーモンドプードル
…50g
薄力粉…20g
シナモンパウダー…1g

仕上げ
アーモンドスライス
…適量
粉砂糖…適量

準備

- ●材料は全て常温に戻しておく。
- ●粉類は全てふるっておく。粉砂糖もふるっておく。
- ●オーブンを180度に予熱しておく。

作り方

1 りんご煮を作る。りんごを6～7等分のくし形切りにして、皮目に切り込みを入れたら、耐熱容器に入れて上からりんご煮の残りの材料を加える。ふんわりラップをして500Wのレンジで5分加熱する。加熱が終わったらラップを外さずにそのまま冷ます。[**a**]

2 タルト生地を作る。バターに粉砂糖を加えてゴムベラで練り混ぜ、全卵を3回に分けて加えてその都度よく混ぜる。

3 2に薄力粉をふるい入れ、切るようにして混ぜる。粉っぽさが無くなったら「ゴムベラでボウル側面に擦り付けるようにして取る」を3回繰り返す(こうすると、焼き上がりの口溶けがなめらかになる)。[**b**] ジッパー付の袋に入れて厚さ1cm以下に薄くのばし、冷蔵庫で硬く冷えるまで1時間ほど休ませる。

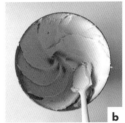

4 打ち粉(分量外)をした台に3を出し、硬いかたまりが無くなる程度まで手またはめん棒で練り戻す。型よりも一回り大きくのばしたら、型に敷いてフォークでピケ(小さい穴をあけること)をする。[**c**] 出来たら冷蔵庫で冷やしておく。

5 アーモンド生地を作る。バターに粉砂糖を加え、泡立て器で白くふんわりするまで泡立て、全卵を3回に分けて加え、その都度よく混ぜる。

6 5に、合わせてふるった残りの粉類を加え、ゴムベラで粉っぽさが無くなるまで混ぜる。

7 組み立てる。4に6のアーモンド生地を入れ、均等にならす。[**d**]

8 1で出来たりんご煮を放射状に並べ、縁にアーモンドスライスを飾る。予熱したオーブンで40分ほど焼く。[**e**]

9 冷めたら粉砂糖をふって、完成。

No.14

栗と珈琲のケーキ

みっちりと秋の幸せを詰め込んだ
茶色いケーキ。

材料（15cmケーキ型1台分）

生地

バター…110g
グラニュー糖…70g
黒砂糖…20g
全卵…2個（100g）
インスタントコーヒー…5g
お湯…5g
薄力粉…100g
アーモンドプードル…20g

栗の渋皮煮…250g
（大粒なら7個分）

仕上げ

ブラックチョコレート
…30g
カカオニブ…適量
（なければ好みのナッツ類
などで代用しても良い）

準備

● 型に型紙を敷いておく。
● 材料は全て常温に戻しておく。
● インスタントコーヒーをお湯で溶き、冷ましておく。
● 薄力粉とアーモンドプードルは合わせてふるっておく。
● オーブンを180度に予熱しておく。

作り方

1 生地を作る。バターにグラニュー糖、黒糖を加え、ふんわりするまで泡立てる。[a]

2 1に全卵を約5回に分けて加え、その都度よく混ぜる。

3 お湯で溶いて冷ましておいたインスタントコーヒーを2に加え、しっかり混ぜる。[b]

4 3に、合わせてふるっておいた薄力粉とアーモンドプードルを加え、ゴムベラで滑らかに艶が出るまで混ぜる。

5 型に4を約⅗入れる。栗の渋皮煮を等間隔に沈め、残りの生地を渋皮煮にかぶせるようにして流し入れる。表面をならしてから予熱したオーブンで約40分焼く。[c]

6 仕上げ。ブラックチョコレートを湯煎で溶かし、冷ました生地にかける。最後にカカオニブを散らしたら完成。[d]

a

b

c

d

かぼちゃプリン

かぼちゃ、スパイス、
カラメル、全部濃いめで。

材料（直径16cm×高さ4cmエンゼル型1個分）

カラメル
グラニュー糖…40g
水…20g
熱湯…20g

プリン生地
かぼちゃ（皮とわた付きで）
　　…200g
グラニュー糖…80g
全卵…3個（150g）
シナモンパウダー…2g
ナツメグパウダー…1g

牛乳…150g
生クリーム…100g
ラム酒（あれば）…15g
バター（型に塗る用）…適量

仕上げ
ホイップクリーム…適量

準備

● 材料は全て常温に戻しておく。
● プリンを蒸すための熱湯をたっぷり沸かしておく。
● 型にバターを薄く塗っておく。

作り方

1 カラメルを作る。鍋にグラニュー糖、水を加えて中火にかけて茶色くなるまで熱してカラメルを作り、最後に熱湯を加える（鍋は **4** の工程で再び使うため、洗わずにとっておく）。カラメルはバターを塗った型に流し入れ、冷ましておく。

2 プリン生地を作る。かぼちゃはわたを取り、皮をつけたまま適当なサイズにカットする。耐熱容器に入れてふんわりラップをかけ、500Wのレンジで柔らかくなるまで5分ほど加熱し、皮を取って裏漉しする。

3 **2** にグラニュー糖、全卵、シナモンパウダー、ナツメグパウダーを加え、しっかり混ぜる。[**a**]

4 **1** でとっておいた鍋に牛乳、生クリームを入れ、鍋についたカラメルを溶かすようにして沸騰直前まで温め、あればラム酒を加える。

5 **3** に **4** を約3回に分けて加え、その都度しっかり混ぜ、最後に一度漉す。[**b**]

6 **1** で冷ました型に **5** を流し入れ、[**c**] 蒸し器で中火で10分ほど蒸したら弱火で5分蒸す。竹串を刺し、液体が出てこなければ蒸し上がり。粗熱が取れたら冷蔵庫で型に入れたまま一晩冷やす。

7 型底を軽く湯煎し、ひっくり返して型から取り出す。仕上げにホイップクリームを添えて完成。

─ Point ─

● 普通のプリンと違って水分が少ないため、出来上がった段階でカラメルが固まっています。そのため、最後に湯煎をしてカラメルを溶かすと綺麗に型から外れます。

● 通常のプリンのように低温でゆっくり蒸すと分離してしまうので、このプリンは一気に蒸します。一気に蒸してもすは入らないので大丈夫です。

お気に入りの料理道具のこと

料理道具は、ちょっと恥ずかしいけれど「形から入るタイプ」です。
機能性を重視することもありますが、迷ったら、やっぱり見た目。
可愛い！ と思ったら即買ってしまいます。

たとえば、パウンドケーキの型は、偶然立ち寄ったお店で見かけたもの。
金具を留めるボタン跡がついていて、あまりの可愛さにすっかり惚れ込
んでしまい、すでに持っているにもかかわらず、連れて帰ってしまいま
した。

特に衛生面で心配の少ない「ケーキ型」や「クッキー型」は、リサイク
ルショップで掘り出し物を見つけるのも楽しみのひとつです。
ほかにも、勤め先でいただいた食パン型も、お気に入り。大きくて家の
オーブンでは使えないので、クッキー型を入れて大切に使っています。
それに、百円均一ショップで買った型もよく使っています。

食パンの型は道具入れにしています

100円均一ショップでそろえた料理道具

専門店の道具じゃなくても、可愛くて使いやすいものがたくさんあり、
よく助けられています。ラッピングなんかは、百円均一ショップ以外で
はほとんど買いません。

ひとつだけ機能性で選んでほしいのは、塗り卵を表面に塗るハケ。
シリコンのハケはあんまりおすすめしません。シリコンのハケは衛生的
には手入れもしやすいのですが、均等に塗ることが難しいし、ハケ目が
残りやすいのです。
卵を塗った面が顔になるようなお菓子に使う、塗り卵用のハケは、
毛のハケをおすすめします。

5

寒くてあったかい
冬のお菓子

寒い冬の夜、オーブンの暖かい罠に捕まり、
お菓子が焼き上がるまで目の前の椅子に座り、じっと過ごします。
じっとひとりで座っていると、いろんなことをぐるぐる思索してしまって、
暗い所から自分では帰れなくなることがあります。でも大丈夫。
オーブンが「こっちだよ」と呼ぶように鳴って、はっとして慌てて扉を開けて、
お菓子を取り出します。ちょうど遠くでカギを開ける音も聞こえて、
冷たい風と一緒に同居人も帰ってきました。
「何焼いてるの？」「明日のお菓子だよ」 ほら大丈夫。いつも通りの夜が来ました。

No.16

キャラメル
アップルケーキ

りんご2つ分の至福。
1日寝かせると、ジューシーな味わいに！

材料（15cm×15cm×5cmスクエア型1台分）

りんご煮
- りんご…1.5個
  （1個200g強）
- グラニュー糖…30g

キャラメルソース
- グラニュー糖…50g
- 水…15g
- 生クリーム…50g

上にのせる"じゃりじゃり"
- アーモンドプードル…10g
- 薄力粉…10g
- ココナッツオイル…5g〜
- グラニュー糖…20g
- オートミール…15g
- シナモンパウダー…適量
- りんご…0.5個ほど

生地
- バター…120g
- グラニュー糖…80g
- 全卵…2個（100g）
- 薄力粉…120g
- アーモンドプードル…30g
- ベーキングパウダー…5g

準備

● 材料を全て常温に戻しておく。

● 薄力粉、アーモンドプードル、ベーキンパウダーは合わせてふるっておく。

● オーブンを180度に予熱しておく。

作り方

1 りんご煮を作る。りんご1.5個を半分に切って皮を剥いて芯を取り、１cm厚にスライスしたものを耐熱皿に並べる。グラニュー糖をふりかけ、ふんわりラップをして500Wのレンジで５分加熱する。ラップをしたまま冷ましておく（りんごの残った0.5個は **3** で使用）。

2 キャラメルソースを作る。鍋にグラニュー糖、水を入れてカラメルを作る（No.01「大きいプリン」の工程 **1** を参照）。カラメルが温かいうちに生クリームを加え混ぜたら、しっかり冷ましておく。

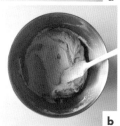

3 上にのせる"じゃりじゃり"を作る。りんご以外の材料を全てポリ袋に入れて揉んで、そぼろ状にする。粉っぽい場合はココナッツオイルを足す。りんごは２cm角にカットしておく。

4 生地を作る。バターにグラニュー糖を加え、泡立て器で白くふんわりするまで泡立てる。[**a**]

5 **4** に全卵を４～５回に分けて加え、その都度しっかり泡立てる。**2** を加えてしっかり混ぜる。

6 **5** にふるった薄力粉、アーモンドプードル、ベーキングパウダーを加え、ゴムベラで滑らかに艶が出るまで混ぜる。[**b**]

7 型に生地の約⅔を入れ、表面をならしてからりんご煮を敷き詰める。[**c**] 残りの生地を重ね入れ、表面をならす。

8 **7** の上にカットしたりんご、"じゃりじゃり"をのせ、[**d**] 予熱したオーブンで約45分焼く。焼いている途中で上が焦げそうなら、アルミホイルをかぶせて焼く。

─ Point ─

● キャラメルソースはしっかりと冷ましておかないと、**5** でバターが溶けてしまうので注意。

● りんごがたっぷり入るので、ぜひ１日寝かせて食べて欲しいです。果汁が染みて、ジューシーになります。

No.17

さつまいものブリュレ

パリパリのお砂糖を割って、すくって。

材料（スープカップ約3個分）

さつまいも…150g
グラニュー糖…60g
卵黄…3個(60g)
全卵…1個(50g)
牛乳…250g
生クリーム…100g
バニラペースト(あれば)…3g
ラム酒(あれば)…15g

仕上げ

グラニュー糖…適量
どうなっても良い
金属スプーン

準備

● 材料は全て常温に戻しておく。
● 湯煎焼きのお湯を沸かしておく。
● オーブンを190度に予熱しておく。

作り方

1 さつまいもを皮ごと30分ほど蒸し、皮を剥いて2回裏漉しする。

2 **1**が温かいうちにグラニュー糖を加え、しっとりするまでゴムベラで混ぜる。

3 **2**に卵黄、溶いた全卵の順に加えて、その都度、泡立て器でしっかり混ぜる。

4 牛乳、生クリーム、バニラペーストを鍋に入れ、沸騰直前まで温めたら、**3**に約3回に分けて加え混ぜ、最後にラム酒を加える。[**a**]

5 **4**を2度漉し、好きな器に流し入れる。天板に湯を型下3cmほど張ったところに器を置き、190度に予熱したオーブンで約40分湯煎焼きにする。[**b**] 表面がふるふる揺れ、中心に爪ようじを刺した時に液が溢れてこなければ焼き上がり。[**c**] 粗熱が取れたら冷蔵庫で一晩冷やす。

6 仕上げ。**5**の表面にグラニュー糖をかけ、そこに金属スプーンの背をコンロなどで30秒ほど熱く熱したものを滑らせてキャラメリゼする。[**d**] スプーンを熱する際、金属部分に直接手を触れないように十分注意する。キャラメリゼ1回ごとに濡れ布巾でスプーンの背を必ずぬぐう。

― Point ―

● 2回さつまいもを裏漉しするととっても滑らかになり美味しいです。

● キャラメリゼする時、一点ずつ押すのではなく、滑らせてグラニュー糖を溶かすイメージで3〜4回繰り返すと、上手に出来ます。

No.18

バレンタインの
チョコレートケーキ

マーマレードをサンド。ちょっとおめかし背伸びしたケーキ。

材料(12cmケーキ型1台分)

生地

- ブラックチョコレート…50g
- バター…70g
- グラニュー糖…50g
- 全卵… 1個(50g)
- 薄力粉…60g
- ココアパウダー…10g
- シナモンパウダー… 1g

仕上げ

- 市販のマーマレード…50gほど
- ブラックチョコレート…50g
- 米油など、液体の油… 1g
  (サラダ油でも可。
  匂いのないものが好ましい)
- アーモンドスライス…適量

準備

- 材料は全て常温に戻しておく。
- 薄力粉、ココアパウダー、シナモンパウダーは合わせてふるっておく。
- アーモンドスライスを170度のオーブンで約5分ほど、様子を見ながらローストする。全体が薄いきつね色になる程度が理想。ローストしたら冷ましておく。
- 湯煎のお湯を沸かしておく。
- オーブンを180度に予熱しておく。

作り方

1 生地を作る。ブラックチョコレートを湯煎で溶かし、しっかり冷ましておく。

2 バターにグラニュー糖を加え、白っぽくふんわりするまで泡立てたら、全卵を約4回に分けて少しずつ加え、その都度しっかり泡立てる。

3 2に1を加え、しっかり混ぜる。[a]

4 3に薄力粉、ココアパウダー、シナモンパウダーを合わせてふるい入れ、ゴムベラで粉っぽさが無くなり艶が出るまで混ぜる。[b]

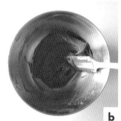

5 4を型に流し入れ、表面をならしてから、予熱したオーブンで約30分焼く。焼き上がったら型から外して冷ます。

6 仕上げ。5が冷めたら横3枚にスライスし、間にマーマレードを塗ってサンドする。[c]

7 仕上げ用のブラックチョコレートを湯煎で溶かし、油を加えて空気が入らないようにしっかり混ぜたら、6の中心に流しかける。中心からスプーンの背などを使い、円を描くようにして、生地の表面にチョコレートを塗り広げる。[d]

8 側面に流れたチョコレートを、側面全体に塗り、アーモンドスライスを貼りつけて仕上げる。チョコレートが固まるまで冷蔵庫で冷やし固めたら完成。

─ **Point** ─

- 生地に加えるチョコレートは、しっかり冷ましておかないとバターが溶けてしまってふんわり泡立ちません。
- 側面にアーモンドスライスを貼りつける時は、チョコレートが少し固まり始めたくらいが作業しやすいタイミングです。

No.19

焼き立てクラフティ

アツアツのお菓子に
アイスをのせるのが
大好き。

材料
（直径15㎝グラタン皿2つ分）

薄力粉…50g
グラニュー糖…110g
塩… 1 g
全卵… 2 個(100g)
生クリーム…100g
牛乳…200g
好みのフルーツ…好きなだけ
(今回は苺)

その他
| バター……適量
| グラニュー糖…適量
| バニラアイス…好きなだけ

準備

● 薄力粉はふるっておく。
● オーブンを180度に予熱しておく。

作り方

1 耐熱の器に、その他のバターを指で薄く塗ってその他のグラニュー糖をまぶし、好きなフルーツを敷き詰める。[**a**]

2 ボウルに薄力粉、グラニュー糖、塩を入れ、泡立て器で混ぜる。

3 **2**の中心をへこませて全卵を割り入れ、中心から少しずつ周りの粉を巻き込むようにして、少量ずつ混ぜる。[**b**]

4 **3**に生クリーム、牛乳の順で混ぜて漉す。

5 **1**の器に、縁の高さ約 1 ㎝が残る程度まで**4**を注ぐ。[**c**]

6 予熱したオーブンで表面に焼き色が少し入るくらいまで約30分焼く。

7 食べる直前に、バニラアイスをのせて完成。

a

b

c

オーブンのこと

先日、オーブンを買い替えました。

これまで長らく使っていたのは密閉性の低いコンベクションオーブンです。次もコンベクションオーブンにするか、オーブンレンジに改めるかで迷い、結局またコンベクションオーブンを買うことにしました。

決め手は、トースター機能も欲しかったことと、コンベクションオーブン特有のからりとした焼き上がりが好みだったことです。

オーブンを買い替えた時は、やはりとにかく使ってみるしかありません。使ってみて、そのオーブンの癖を知る。
コンベクションオーブンの場合、庫内の熱風が強くてお菓子の表面が乾き過ぎてしまうこともあります。あとは、「右側のほうがよく焼ける」といった癖などにも気づいたら、時々左右を入れ替えるようにします。いろんな癖を知って、だんだんオーブンと仲良くなっていきます。

それから、通常、オーブンレンジには設定した温度になるとお知らせしてくれる予熱機能があると思うのですが、私の持つコンベクションオーブンにはそれがありません。
代わりにオーブン用の小さな温度計を買い、庫内に設置しています。こうした点も、慣れるまでは少し時間がかかりますが、その分、長く使うと愛着も湧いてきます。

オーブンによって焼き上がりまでの時間も温度も微妙に違うのが、お菓子作りの難しさであり魅力でもあるのかなと思います。

これを読んでいる方も、レシピに書かれている焼き時間を参考にしながら、ご自身のオーブンの癖に合わせて、自分の目で見て、自分で触って、このくらいかな？ という微調整を、何度でも楽しんでほしいです。

（上）５年程使っていたアイリスオーヤマのオーブン
（下）新しいオーブンはTWINBIRDのもの

6

ご機嫌さんの
スコーン

朝起きて天気が良いと、無性にスコーンを作りたくなります。
何故かは分からないけど、スコーンは晴れの日がよく似合う気がします。
空が明るいと、気持ちも明るくなって、そんな時のスコーン作りは粉が舞うのも、
手に生地がひっつくのも、全く煩わしくありません。なんたって今日の私はご機嫌なので！
晴れ晴れした気持ちで焼き上げたスコーンを朝ごはんに、
おやつに頬張って、もっともっとご機嫌に！
今日はなんでもできちゃう気がする！と気持ちを無敵にしてくれるスコーンは、
私にとってラッキーアイテムのような存在です。

No.20

クッキースコーン

食べたいと思った時に、
さくっと焼けるスコーン。

材料(プレーン4個、具材入り4個分)

A
　薄力粉…200g
　ベーキングパウダー…8g
　上白糖…50g
　塩…3g

バター…140g
卵黄…1個(20g)
牛乳(卵黄と合わせて)…60g分
好みの具材…50g
　(今回はチョコレート35gとココナッツチップ15g)
塗り卵
※表面に光沢をつけるための溶き卵
全卵…1個(最後に少し余ります)

準備

● 材料は全て冷蔵庫で冷やしておく。
● Aは合わせてふるっておく。
● オーブンを180度に予熱しておく。

作り方

1 Aを入れたボウルに、1cm角に切ったバターを落とし、カードなどを使ってバターが細かくなるまで刻んでポロポロにする。[**a**]

2 卵黄と牛乳を混ぜたものを、1の中央をへこませた部分に流し入れ、[**b**] 底から粉をすくい上げるようにして粉っぽさが無くなるまで混ぜる(手にひっつく柔らかい生地になればOK)。[**c**]

3 2の生地から200g分を取り分け、好みの具材を混ぜる(残り生地はプレーン用にする)。

4 各生地を4等分して手で丸め、オーブンシートを敷いた天板に並べた状態で、冷蔵庫に入れて10分ほど冷やす。冷蔵庫から取り出したら表面に塗り卵を塗る(焼くとかなり大きくなるので、広めに間隔をあけて並べる)。[**d**]

5 予熱したオーブンでおよそ25分焼く。

a

b

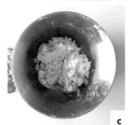

c

d

┌─ **Point** ─
│ ● とにかく材料は冷やしておくこと。
│ ● 焼くと10cmほどに大きく広がります。大きく間隔をあけて並べるのが大事です。

No.21

ビスケットスコーン

サンドイッチも良いけど、スコーン連れてピクニックも素敵かも。

材料(6㎝セルクルで約12個分)

牛乳…200g	薄力粉…175g	その他
レモン汁…20g	強力粉…175g	打ち粉(強力粉)…適量
全卵…1個(50g)	ベーキングパウダー…8g	牛乳…適量
	グラニュー糖…40g	
	塩…3g	
	バター…150g	

準備

- ●材料は全て冷やしておく。
- ●薄力粉、強力粉、ベーキングパウダーは合わせてふるっておく。
- ●オーブンを200度に予熱しておく。

作り方

1　牛乳にレモン汁、全卵の順に加え、その都度よく混
　　ぜたら、冷蔵庫で冷やしておく。

2　ボウルに残りの材料を全て入れ、バターをカードな
　　どで細かく刻む。バターが細かくなったら、手で粉
　　と粉を擦るようにして粉とバターを合わせる。

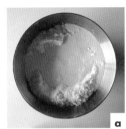

3　2の中心をへこませた部分に1を注ぎ、[**a**]カード
　　などで底から粉を持ち上げるようにして、粉っぽさ
　　の残る状態までざっくり合わせる。

4　打ち粉をした台の上に3を出し、寄せるようにして
　　ひとまとめにする。

5　4をカードなどで半分にして重ね、手で上から押す
　　ようにして厚みを整える。[**b**]この作業を、生地が
　　ベタつかず弾力が出るまで繰り返す(約7回)。[**c**]
　　厚みを整えてラップに包み、3時間以上冷蔵庫で冷
　　やす。

6　5を、再び打ち粉をした台に出し、厚み3〜4cm、
　　15cm×20cm程度にのばし、セルクル(型)で型抜き
　　する。[**d**]

7　6を天板に並べ、表面にハケなどで牛乳を塗り、予
　　熱したオーブンで約20分焼く。

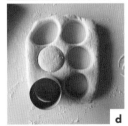

┌─ **Point** ─

　●最初ベタつく生地ですが、切って重ねてを繰り返すう
　ちに弾力のあるベタつかない生地になります。

　●こねるのではなく、「上から押す力だけでまとめる」
　を意識すると上手に出来ます。

　●ベタつく場合は打ち粉を思いっきり使いましょう。型
　抜きも粉をつけてから行うと綺麗に抜けます。

No.22

焦がしバタースコーン

食べると気持ちがほどける、
ほろっと食感。

材料（5cm角約4個分）

バター…80g
牛乳…50g
卵黄…1個(20g)

薄力粉…70g
薄力粉全粒粉…50g
　（なければ薄力粉40g）
強力粉…120g
ベーキングパウダー…7g
グラニュー糖…50g
塩…3g

塗り卵
全卵…1個
　（最後に少し余ります）

準備

● 粉類は合わせてふるっておく。
● オーブンを180度に予熱しておく。

作り方

1　バターを中火にかけて、きつね色になるくらいまで
　焦がし、冷ましておく。

2　牛乳、卵黄を混ぜ、1を5回ほどに分けながら少し
　ずつ加え、その都度しっかり混ぜる。

3　ボウルに残りの材料を全て入れて混ぜ合わせ、中心
　をへこませ、2を注ぐ。[a] 底から粉を持ち上げる
　ようにして混ぜ合わせる。

4　3を台に出し、こねてまとめる。ラップに包んでか
　ら麺棒でのばし、厚み約4cm×10cm強四方の正方
　形に整えて、冷蔵庫で3時間以上冷やす。[b]

5　4の四方を切り落とし、4等分して天板に並べる。
　[c]表面にハケなどで溶いた全卵を塗り、[d] 予熱
　したオーブンで30分ほど焼く。中心に火が通り、
　少し中央が膨らんで良い色になったら完成。

a

b

c

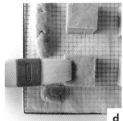
d

┌ Point ┐

● 4でこねてまとめる際、つなぎ目のヒビが入りやすい
　生地ですが、特に気にしなくても大丈夫です。

同居人とのルームシェア生活

同居人とルームシェアを始めたのは、ちょうど3年前のこと。社会人になってしばらくして、私の転職を機に彼女と「一緒に住めばええやん」となったことがきっかけです。

そもそも同居人とは、学生時代にアルバイト先の写真屋さんで知り合いました。ひとつ年上で別の大学に通う彼女は、特に製菓に詳しいわけでもない人でしたが、出会ってすぐに打ち解け、社会人になってからも連絡をとる仲になりました。だからルームシェアの提案には違和感も無く、自然に話が進みました。

部屋を決める時に絶対に譲れなかったのは、キッチンが広いこと、ベランダが広いこと、お互いの部屋があること、水回りの清潔感。一緒に5か所ほど内見して、条件にぴったりの部屋を見つけました。広いベランダと天然木のフローリングも気に入って、即決でした。

暮らしの中で週末にお菓子を作るようになったきっかけは、やはり同居人の存在が大きいです。ルームシェアを始めたものの、当初はそれぞれ職種も違うので生活リズムがばらばらで、おしゃべりをする機会もほとんどありませんでした。

私の休日は、同居人にとっては少し憂鬱な仕事のスタートの曜日でした。そこで、少しでも同居人が朝起きるのが楽しみになったらいいなという

一目で気に入った、広いキッチン

思いと、休みくらい好きなものを好きなように食べたい！という私の我儘から、週末のお菓子作りがスタートしました。

いつしか、私の休日と同居人の仕事始まりの曜日はバラバラになってしまったけれど、週末の朝のお菓子時間は残りました。

私は、作ったお菓子にあれこれ言われるのはすごく苦手です（ほめられていても）。
同居人は、私がお菓子の説明をしても「へ〜、ふ〜ん」くらいの反応だけ返してすぐおしゃべりに戻ります。けれど「おいしい？」と聞くと「今日もおいしいよ」と返してくれる。そんな同居人との時間はとっても心地が良いです。

私が料理、同居人が洗濯、という以外には特別な約束事も無く、生活もばらばら。そんな気ままなルームシェアで2人が食べているお菓子が、いつのまにか種類も増え、こんなふうに本にして頂けるなんてとても嬉しくて、ちょっぴり恥ずかしいような気持です。

7

休日の
パーティー！

同居人とお休みが重なったゆっくりとした朝に、
友人がおうちに遊びに来てくれる昼下がりに、なんか全部が嫌になってしまった深夜に、
お菓子を作ってささやかなパーティーを開きます。
各々の気分に合わせられるようにいろんな味を、
おしゃべりに夢中になれるように小さめのサイズで用意して、
みんなの取り皿をテーブルに並べます。
「会えるの久しぶりだな」「これ好きって言ってたな」「話したいことがたくさんあるな」
なんてことを考えながら、せっせと準備を進めます。

いろいろドーナッツ

買ってもいいけど、自分で作るととびきり美味しい！

材料（直径5cmボール約15個分）

生地

- 絹ごし豆腐…150g
- 全卵…1個(50g)
- 上白糖…60g
- 薄力粉…120g
- 強力粉…50g
- ベーキングパウダー…5g
- ナツメグパウダー…1g

揚げ油…適量

仕上げ

- 好みのチョコレート…適量
  （今回はブラックとホワイト）
- 市販のシナモンシュガー…適量
- 好みのトッピング…適量
  （今回はアーモンド、シュガー
  スプレー、クッキークランチ、
  フリーズドライのいちごなど）

準備

●薄力粉、強力粉、ベーキングパウダー、ナツメグパウダーは合わせてふるっておく。

作り方

1 生地を作る。絹ごし豆腐をボウルに入れて、滑らかになるまで泡立て器で混ぜる。[**a**]

2 1に全卵、上白糖を加え混ぜる。

3 2に薄力粉、強力粉、ベーキングパウダー、ナツメグパウダーを加え、ゴムベラで粉っぽさが無くなるまでさっくり混ぜる。[**b**] ラップにあけて包んだら、冷蔵庫で30分ほど休ませる。[**c**]

4 手に油(分量外)をつけて生地を1口大(約20ｇ)に丸める。170度に熱した揚げ油に入れてきつね色になるまで片面約2分半ずつ揚げ、[**d**] バットの上で油を切る。

5 仕上げ。チョコレートは湯煎で溶かしておく。

6 生地の粗熱が取れたら好きな仕上げをつける。

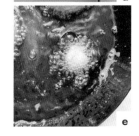

┌─ **Point** ─────

●ベタついて手にひっつきやすい生地になるので、丸める時は油を手にしっかりつけてください。

●油の温度が分からない場合は、生地を少し入れ、軽く泡が出るくらいが適温の目安になります。[**e**]

マフィンカップ

カラフルでパーティーにぴったり！

材料（4.3cm×3.5cmマフィンカップ10個分）

生地

- 全卵… 2個（100ｇ）
- 上白糖…60ｇ
- 塩… 1ｇ
- プレーンヨーグルト…50ｇ
- 薄力粉…150ｇ
- ベーキングパウダー… 3ｇ
- バター…70ｇ

仕上げ

- クリームチーズ
- 好みのジャム
- 市販のホイップクリーム
- 好みの果物
- チョコレートスプレッド、アラザンなどの
  シュガートッピング、オレオなど…各適量

準備

- ●バターは湯煎で溶かしておく。
- ●薄力粉とベーキングパウダーは合わせてふるっておく。
- ●オーブンを170度に予熱しておく。

作り方

1 生地を作る。ボウルに全卵と上白糖、塩、プレーンヨーグルトを入れ、泡立て器で砂糖が溶けるまで混ぜる。

2 1に薄力粉とベーキングパウダーを加え、泡立て器で中心から粉を少しずつ巻き込むようにしてぐるぐると混ぜる。[**a**]

3 2に溶かしたバターを入れ、ぐるぐると混ぜる。[**b**]

4 3をマフィンカップに流し入れ、予熱しておいたオーブンで10分ほど様子を見ながら焼く。[**c**]

5 仕上げ。冷めたら好みの具材で自由に飾り付ける。今回は次の３種類。[**d**]

1.クリームチーズ×ジャム
ケーキの上に柔らかくしたクリームチーズを塗り、その上にジャムを塗る。

2.ホイップ
ケーキの上に市販のホイップクリームを絞り、好みの果物やシュガートッピングを飾る。

3.オレオクリーム
オレオを砕いて市販のホイップクリームに混ぜたものをケーキの上に塗り、オレオを飾る。

No.25

3種のシュークリーム

カスタード、ディプロマットクリーム、ダブルクリーム。
組み合わせで楽しさ倍増。

材料（直径6cm約12個分）

生地

水…35g
牛乳…35g
バター…30g
グラニュー糖 3 g
塩… 1 g
薄力粉…30g
強力粉…20g
全卵…約1.5個(75g)

塗り卵

全卵…適量
（生地で余った全卵で良い、
無い場合は牛乳でも可）

カスタード

卵黄… 2 個(40g)
グラニュー糖…70g
強力粉…20g
バニラペースト(あれば)… 2 g
全卵… 1 個(50g)

牛乳…230g
バター…20g
ラム酒または
　キルシュ(あれば)… 7 g

ホイップクリーム

生クリーム…100g
グラニュー糖…10g

仕上げ

粉砂糖(お好みで)…適量

準備

● 粉類は合わせてふるっておく。
● 材料は常温に戻しておく。
● オーブンを200度に予熱しておく。

作り方

1　生地を作る。鍋に水、牛乳、バター、グラニュー糖、塩を入れ沸騰直前まで温める。

2　1の火を止めてから、鍋に薄力粉と強力粉を加え、木べらで一気に混ぜ合わせる。[**a**]

3　2を炒めるように混ぜながら再び中火にかけ、鍋底に薄い膜 [**b**] が出てくるまで加熱する。指の関節などで生地を触り熱くなっていれば良い。

4　3をボウルにあけ、全卵を半量加えて木べらでパタパタと混ぜる。加えた卵が完全に生地に混ざったら、生地をヘラですくって落とした時に三角形に落ちる硬さになるよう、残りの卵を数回に分けて加え混ぜる。[**c**] 生地がそれでも硬い場合は全卵(分量外)を溶いて少しずつ足す。

5　できた生地を、口金を付けた絞り袋に入れ、薄く油をひいた天板、またはシルパンなどの上に絞る(オーブンシートだと上に膨らまないので注意する)。

6　5の表面に塗り卵を塗り、フォークで格子状におさえ、[**d**] 予熱したオーブンで30分ほど焼く。持った時に軽く、割れ目にも色が入るまで焼くと良い。焦げそうな場合はアルミホイルをかぶせると良い。

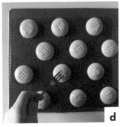

≫ 次のページへつづく
89

≫ 3種のクリームの作り方

今回は、カスタード、ディプロマットクリーム、
ダブルクリームの3種類のシュークリームを作ります。
ディプロマットクリームは、カスタードとホイップクリームを
混ぜ合わせたクリームのこと。ダブルクリームは、
カスタードとホイップクリームを混ぜ合わせず、別々で絞ったものです。

作り方

7 カスタードを作る。ボウルに卵黄とグラニュー糖を加え、
泡立て器で白くもったりするまで混ぜたら、そこに強力
粉、バニラペースト、全卵を順に加え、その都度しっか
り混ぜる。

8 牛乳を沸騰直前まで温め、7に少しずつ加え混ぜる。鍋
に漉し入れ、中火にかけて混ぜながら、こしが切れたク
リーム状になるまで加熱する。鍋底や鍋肌は焦げやすい
ので泡立て器で削るように炊くと良い。炊けたら火を止
めて、バターを加えて溶けて無くなるまで混ぜる。

9 8をバットなどに薄くあけ、表面に密着するようにラッ
プをして冷蔵庫で少なくとも3時間以上、しっかり冷や
す。[e] 冷えたらボウルにあけ、ラム酒またはキルシュ
を加えて滑らかになるまでゴムベラで混ぜ戻す。

e

10 ホイップクリームを作る。ボウルに生クリームとグラニ
ュー糖を入れ、泡立て器で8分立てほどに泡立てる。デ
ィプロマットクリームを作る分を少量取り分けて、9分
立て(通常より硬め)に泡立てておく。

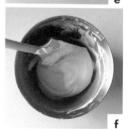

f

11 ディプロマットクリームを作る。ボウルに、完成したカ
スタードとホイップクリームを1：1の割合で使う分だ
け少し入れ、ゴムベラでふんわり混ぜ合わせる。[f]

Point

● カスタードは、少し硬さが残る位に混ぜ戻すと、単体できれいに絞れます。

● ホイップクリームは、すくうと柔らかいツノが立って下を向く程度（8分立て）が
単体用にはおすすめです。

● ディプロマットクリームは、柔らかめのカスタードと硬めのホイップクリーム
を混ぜて作ると丁度良い硬さになります。

カスタード

シュー生地に斜めに切り
込みを入れ、カスタード
を絞り入れる。先に下部
分にカスタードを絞り、
その上に見えるようにさ
らに絞ると良い。

ディプロマット
クリーム

シュー生地の底に菜箸な
どで穴をあけ、ディプロ
マットクリームを絞り入
れる。

ダブルクリーム

シュー生地上部を真横に
切り、下部分にカスター
ド、その上にホイップク
リームを絞り、シュー生
地をかぶせる。お好みで、
粉砂糖をかけて仕上げる。

No.26

いろいろクレープ

仲間が集まると、
おしゃべりにクレープに大忙し！

材料（約15㎝のフライパンでクレープ約15枚分）

クレープ生地	カスタード	その他
バター…30g	全卵…1個(50g)	好みの果物
薄力粉…70g	グラニュー糖…70g	ホイップクリーム
強力粉…30g	バニラペースト(あれば)…1g	市販のチョコソース
グラニュー糖…30g	強力粉…25g	ツナ、ハムなど
塩…1g	牛乳…210g	…各適量
全卵…1個(50g)	バター…20g	
牛乳…300g		

準備

- 材料は全て常温に戻しておく。
- 生地用の薄力粉と強力粉は合わせてふるっておく。
- カスタード用の強力粉もふるっておく。

作り方

1 クレープ生地を作る。バターを中火にかけ、きつね色くらいになるまで焦がし、冷ましておく。

2 ボウルに薄力粉、強力粉、グラニュー糖、塩を入れて泡立て器で混ぜ、中心をへこませる。へこませた部分に全卵を入れ、粉を少しずつ巻き込むようにして混ぜる。[**a**] どろっとしてきたら 1 の焦がしバターを加え混ぜ、さらに牛乳を少しずつ加え、のばすようにして混ぜる。

3 2 を目の細かいザルで漉し、[**b**] ラップをして、できれば一晩、最低でも30分は冷蔵庫で休ませる。

4 カスタードを作る。全卵にグラニュー糖、バニラペーストを加え、白っぽくなるまですり混ぜる。さらに強力粉も加え混ぜる。

5 牛乳を沸騰直前まで温め、4 に少しずつ加え混ぜる。

6 5 を目の細かいザルで鍋に漉し、中火にかけて泡立て器で混ぜながらクリーム状になるまで炊く。そこからさらにサラッとするまで炊く（こしが切れ、泡立て器にかかる力が軽くなる程度まで）。最後にバターを入れ、溶けて無くなるまで混ぜたら、バットなどに薄くのばして密着するようにラップをし、冷蔵庫で冷やす。[**c**]

7 クレープ生地を焼く。フライパンを熱してバター（分量外）を溶かし、キッチンペーパーなどで薄くのばしたら、濡らしたタオルにフライパンを置き、一度熱を取る。

8 再びフライパンをコンロに戻し、弱火寄りの中火にかける。3 の生地を一度混ぜ、おたま 1 杯弱をフライパンに流し入れ、フライパンを回して薄くのばす。縁に薄く焼き色が入るまで焼き、裏返して裏面をサッと焼く。[**d**]。

9 キッチンペーパーなどの上に、焼けた生地を重ね冷ましておく。

10 6 のカスタードを使う直前にボウルにあけ、ゴムベラで滑らかになるまで混ぜる。9 の生地に、完成したカスタードのほか、その他の好みの具材を包んで食べる。

お菓子作りで
大切にしていること

「仕事でも作って、家でも作って、飽きないの？」とよく人に聞かれます。
でも、私にとって仕事のお菓子と家のお菓子は全く別物。
家で作るお菓子はどこまでも自由です。
なんの制約も無く、「自分のやりたいようにやってやるぞ」と思って作
ります。

その時の自分がいちばん食べたいものを作る。
余裕が無かったら無理して作らない。
一方で、余裕が無いけど作れる日もある。

その時の自分のコンディションに合わせて作ることを大事にしています。
とにかく自分らしく無理をしないというのが、
私のお菓子作りにとって、大切なことです。

いやだなと思ったら途中でもやめて「明日、続きをやろう」ということ
もあります。
お菓子は嗜好品だから、楽しくて心地良いことが大切なんです。

じゃあ無理せず全部、手抜きをすればいい？
というと、そういうわけじゃなくて…。
「ちょっとだけ手間をかけること」も大切に思っています。

レーズンの水戻しやナッツのローストなんかも、わざわざする。
それは「やったほうがおいしいから」。

もちろん自分自身が必要ないなと思うのなら、
無理にやる必要はありません。
でも、必要な手間・出来る範囲の手間であれば…、
ちょっとだけがんばっておいしくしたい。
大切にしたいこと、必要ないこと。それを自分で選択していくうちに、
自分らしさや「我が家の味」みたいなものが生まれるのだと思います。

自分にとってちょうど良くて自由な「お菓子作り」。
こんなにも楽しいこと、きっとおばあちゃんになってもやめられません。

おすそわけの
クッキー

お味噌汁やポテトサラダみたいに、ある程度たくさん作ったほうが
おいしい気がする食べ物がいくつかあって、クッキーもそのうちの1つです。
だからクッキーはちょっと多めに作るようにしています。
でも2人では持て余してしまうから、友達や職場の人に
「ちょっとクッキー貰ってくださいな」とおすそわけします。
するとみんな思いのほか喜んでくれるから、また作っておすそわけ。
なんだか食べたくて作るのか、おすそわけしたくて作るのか、分からなくなってきている
今日この頃です。

No.27

いつものクッキー

冒険しない、定番のザ・クッキー。

材料（3種類×約16枚分）

バター…200g
グラニュー糖…105g
塩…4g
卵黄…2個(40g)
シナモンパウダー…0.5g

プレーン生地
| 薄力粉…110g
| 強力粉…50g

ココア生地
| 薄力粉…100g
| 強力粉…50g
| ココアパウダー…15g

その他
| 卵白…適量
| グラニュー糖…適量

準備

● 材料は常温に戻しておく。
● 粉類はそれぞれふるっておく。
● オーブンを180度に予熱しておく。

作り方

1 ボウルにバターとグラニュー糖を入れ、ゴムベラで練るようにして、グラニュー糖がバターになじむまでしっかり混ぜる。

2 1に塩、卵黄、シナモンパウダーの順に加え、その都度ゴムベラでしっかり混ぜる。

3 2を2等分し、プレーン生地、ココア生地の粉類をそれぞれにふるい入れて、ゴムベラで切るようにして粉っぽさが少し残る程度まで混ぜる。[**a**]

4 指先を使って生地同士を押しくっつけるイメージで、粉っぽさが無くなるまでまとめたら、ラップに包んで30分ほど冷蔵庫で休ませる。[**b**]

5 4を好みの棒状に成形してラップに包み、冷蔵庫で硬くなるまで冷やし固める。[**c**]

市松模様にする場合:生地を1.5cm厚にのばし、1.5cm幅でカットして1.5cm四方の棒を各生地2本ずつ用意する。カット断面にハケなどで卵白を塗り、貼り合わせる。

プレーン・ココア生地の場合:棒状に成形し、周りにハケなどで卵白を塗り、グラニュー糖をまぶす。

6 5が冷やし固まったら、1.5cmの厚さに切る。天板に間隔をあけて並べ、予熱したオーブンで15分ほど焼く。[**d**]

No.28

チョコチップクッキー

どうしても食べたくなって衝動的に作ってしまう、
中毒性のある味。

材料（7cmサイズ8枚分）

バター…60g
きび砂糖または甜菜糖…40g
卵黄…1個(20g)
牛乳(卵黄と合わせて)…30g分
チョコチップ…50g
アーモンドスライス…20g

A

薄力粉…50g
全粒粉…40g
シナモンパウダー…1g
アーモンドパウダー…20g
塩…2g

準備

● 材料は全て常温に戻しておく。
● Aを合わせてふるっておく。
● アーモンドスライスを170度のオーブンで約5分ほど、様子を見ながらローストする。全体が薄いきつね色になる程度が理想。ローストしたら冷ましておく。
● オーブンを180度に予熱しておく。

作り方

1 ボウルにバター、きび砂糖または甜菜糖を入れ、ゴムベラで練るようにして混ぜる。

2 1に卵黄を加え、しっかり混ぜる。泡立て器に持ち替え、牛乳を3回に分けて加え、その都度しっかり混ぜる。

3 2に合わせてふるったAを加えて、ゴムベラで少し粉っぽさが残る程度までさっくり混ぜる。

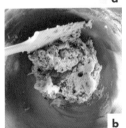

4 3にチョコチップ40g分程度(10g分は後で使うため残しておく)と、アーモンドスライスを加え、[**a**]全体にゆきわたるように混ぜ、約30分冷蔵庫で冷やす。[**b**]

5 生地を約35gずつ計8等分して手でボール状に丸め、オーブンシートを敷いた天板に等間隔に並べる。

6 生地を手で上から押さえ、約1cm厚の直径7cmに広げたら、[**c**] 4で残しておいたチョコチップを数粒のせる。[**d**]

7 180度に予熱したオーブンで約15分焼く。焼き上がりは柔らかく、崩れやすいので注意する。

絞り出しクッキー

絵本から出てきたような愛らしさ。

材料(約4cmサイズ25枚分)

バター…70g

粉砂糖…40g

卵黄… 1個(20g)

牛乳(卵黄と合わせて)…50g分

薄力粉…120g

スキムミルク(あれば)…10g

好みのトッピング…適量

(今回はドレンチェリー、

カカオニブ、アーモンドホール)

準備

●材料は全て常温に戻しておく。

●絞り袋に星口金をセットしておく。

●薄力粉、粉砂糖はそれぞれふるっておく。

●オーブンを170度に予熱しておく。

作り方

1 ボウルにバター、粉砂糖を入れ、ゴムベラで練るようにして混ぜる。

2 1に卵黄を加えてしっかり混ぜる。泡立て器に持ち替え、牛乳を3回に分けて加え、その都度しっかり混ぜる。この時、空気が入らないように、泡立て器をボウルの底につけたまま横線を書くようにしてすり混ぜると良い。[a]

3 2に薄力粉、スキムミルクをふるい入れ、ゴムベラで少し粉っぽさが残る程度まで混ぜたら、ボウル側面に生地を擦り付けるようにのばして滑らかな状態にする。[b]

4 3の生地を、口金をつけた絞り袋に入れる。オーブンシートを敷いた天板の上に好きな形に絞り、トッピングをする。[c]

5 予熱したオーブンで約15分焼く。

ナッツのドロップクッキー

独特のかろやかな食感に
香ばしいナッツをざっくりたっぷり！

材料（約7cmサイズ9枚分）

卵白…40g（約1.5個分）
グラニュー糖…60g
バター…40g
A
薄力粉…90g
ベーキングパウダー…1g
塩…1g

ナッツ類
アーモンドスライス…40g
クルミ…30g
ココナッツチップ
（またはココナッツロング）
…20g

仕上げ
グラニュー糖…適量

準備

- ●材料は全て常温に戻しておく。
- ●Aは合わせてふるっておく。
- ●ナッツ類はローストし、冷ましておく。（※）
- ●バターは湯煎で溶かしておく。
- ●オーブンを170度に予熱しておく。

※170度に予熱したオーブンで、アーモンドスライスとココナッツチップは7分前後、様子を見ながら。クルミはNo.06「キャロットケーキ」のレシピを参照。

作り方

1 ボウルに卵白、グラニュー糖を入れ、泡立て器で白くとろっとするまで泡立てる。[a]

2 1に湯煎で溶かしたバターを加え、よく混ぜる。

3 2に合わせてふるったAを加え、ゴムベラでしっかり混ぜる。

4 3にローストしたナッツ類を加え、全体をさっくり混ぜる。[b]

5 オーブンシートを敷いた天板の上に、スプーンなどを使って約35gずつ、合計9枚分になるように落とす。手で表面を押さえて、厚さ約1㎝×直径約5㎝に整える。[c]

6 5の表面にグラニュー糖をふりかけ、170度に予熱したオーブンで約25分焼く。裏面を指で叩くと乾いた軽い音がする状態が焼き上がりの目安。しっかり中まで焼き切るように意識すると良い。

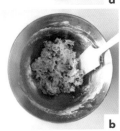

┌─ **Point** ─────────

●バターは沸騰すると分離して乳化しにくくなるので、湯煎でゆっくり溶かします。

●ナッツがたっぷり入るので、しっかりローストしておくと、時間が経っても油臭くなりません。

●しっかり中まで焼き切ると、ナッツや卵の臭みが消え、軽くてメレンゲ菓子のような歯ざわりのクッキーになります。

作ったお菓子の保存方法

最後に、手作りしたお菓子をなるべく長持ちさせておいしく食べる方法をご紹介します。

冷蔵保存または冷凍保存する方法

多くのお菓子の保存期間は冷蔵庫で2〜3日程度ですが、冷凍保存をすれば、1ケ月ほど日持ちします。冷凍する際は、食べやすいサイズに分けてラップをして、ジッパー付きの袋に入れて冷凍しましょう。ただし、次のお菓子は、冷凍保存ができなかったり、冷凍時に注意が必要だったりします。

❶ 冷凍保存はNG。冷蔵保存すべきお菓子

冷凍保存ができないお菓子は次のようなお菓子です。冷蔵保存をして、なるべく翌日から最長でも3日を目安に食べきるようにしてください。

冷凍NG ❶ プリンやブリュレといった、卵を使って固めているお菓子

冷凍NG ❷ 寒天を使って固めて完成するお菓子
（※ゼラチンを使用している「No.11 ココナッツのパンナコッタ」は冷凍保存も可能です）

冷凍NG ❸ 生クリームやホイップクリームで飾り付け済のお菓子

❶&❷ 具体的には……
No.01 大きいプリン　No.09 ヨーグルトティラミス　No.10 珈琲クリームあん蜜
No.15 かぼちゃプリン　No.17 さつまいものブリュレ　No.19 焼き立てクラフティ

❷ 冷凍時に気を付ける必要があるお菓子

生クリームやチョコレートなどで飾り付けて仕上げるタイプのお菓子は、仕上げをする前の焼けた生地の時点で冷凍すると、1ケ月ほど長持ちします。生クリームなどの仕上げは、解凍後にすると良いでしょう。

具体的には……
No.07 バタフライケーキ　No.23 いろいろドーナッツ　No.24 マフィンカップ
No.25 3種のシュークリーム　No.26 いろいろクレープ

これらのお菓子は、仕上げの飾り付けをした後には冷凍できません。
仕上げ後は、冷蔵保存で早めに食べきるようにしましょう。

❸ その他　クッキー類

密閉できる瓶や袋に乾燥剤と一緒に入れて、冷蔵庫で保存できます。
保存期間は１週間程度が目安です。
食べる時は、常温に戻してから瓶や袋を開けたほうが、湿気にくいです。

冷凍保存したお菓子を
おいしく食べるには

基本的に自然解凍をおすすめします。その上で、解凍後に温め直すとおいしいお菓子と、
そのまま食べたほうがおいしいお菓子があります。

❶ 自然解凍後、トースターで温め直すとおいしくなるお菓子

次のお菓子は自然解凍をしてからトースターで数分焼くと、いっそうおいしく食べられます。
３分程度から、ご自宅のトースターで様子を見ながら温め直してください。

具体的には……
No.03 バナナケーキ　No.12 スイートポテトケーキ　No.13 りんごの焼き込みタルト
No.16 キャラメルアップルケーキ　No.23 いろいろドーナッツ（仕上げ前の状態で）

❷ 自然解凍後、温めなくても大丈夫なお菓子

冷凍時に、バタークリームやチョコレートがついているお菓子や、冷えているほうがおい
しいお菓子など、次のものは温め直す必要はありません。

具体的には……
No.02 ミルクティシフォン　No.04 桜と餡子のケイク
No.05 苺ジャムのヴィクトリアケーキ　No.06 キャロットケーキ　No.07 バタフライケーキ
No.08 ニューヨークチーズケーキ　No.11 ココナッツのパンナコッタ
No.14 栗と珈琲のケーキ　No.18 バレンタインのチョコレートケーキ
No.24 マフィンカップ　No.25 ３種のシュークリーム　No.26 いろいろクレープ

❸ その他　スコーン類

食べる時は自然解凍をせず、冷凍されたままの状態で、トースターで３分前後焼きます。
焼いたら冷めるまで庫内で放置して、余熱で火を通すといっそうおいしく食べられます。

※あくまで上記の保存期間や食べ方は目安です。保存期間は、気温や湿度、庫内の環境などによっ
ても変化します。お菓子の状態を確認しながら、できるだけ早目に食べるようにしてください。　**107**

おわりに

昔からお菓子を作るのが好きでした。

小さい頃から専門学生の頃までは、食べるのはもちろん、
作るのがとにかく楽しくて、
誰かに食べてもらいたいとか、喜んで欲しいという気持ちではなく、
ただ自分が楽しいからという理由でお菓子を作っていました。

だけど、大人になって仕事でお菓子を作るようになり、
宝物ともいえる友人や恋人ができて、
誰かのためにお菓子を作る喜びを知りました。

友人や恋人のお誕生日や大切な日を、自分の作ったお菓子でお祝い出来た時、
美味しいという声を聞いた時、口元が緩んだ柔らかい表情を見ると、
苦しくなるくらいの愛しさで胸がいっぱいになります。
これが私が今、お菓子を作る理由です。
この本を出版するにあたって沢山の方たちに協力してもらいました。
まず出版社、デザイナーの皆さま、沢山のわがままを聞いてくださり
ありがとうございました。
そしてこの本を手に取って下さった皆さま、
皆さまのおかげでこの本が作られたと言って過言ではありません。
いつもありがとうございます。
同居人のななちゃん、あなたと暮らしたお陰でこのお菓子たちが生まれました。
本当にありがとう。

最後にお菓子を作る理由をくれる人たちへ、
これからもきっとお菓子を作るから、良かったら飽きるまで付き合ってね。
一生のお願いです。

2023年 6 月　ふくどめ　りほ

ふくどめ りほ

製菓の専門コースがある高校・製菓専門学校
を卒業後、パン屋勤務を経て、現在は製菓関
係の仕事に携わる。その傍ら、Twitterで週
末に作ったお菓子を中心に投稿し、ルームメ
イトにふるまう様子が話題を呼び、フォロワ
ー数は2023年5月現在6.7万人を超える。
Twitter：@___brix_65
Instagram：@___brix_65_dough

Staff

撮影：ふくどめ りほ
アートディレクション：細山田光宣
（細山田デザイン事務所）
デザイン：柏倉美地、榎本理沙
（細山田デザイン事務所）
校正：麦秋アートセンター、文字工房燦光

週末が待ち遠しくなる
とっておきのお菓子

2023年7月28日　初版発行

著者　　ふくどめ りほ

発行者　山下 直久
発行　　株式会社KADOKAWA
　　　　〒102-8177
　　　　東京都千代田区富士見2-13-3
　　　　電話0570-002-301
　　　　（ナビダイヤル）

印刷所　図書印刷株式会社
製本所　図書印刷株式会社

●お問い合わせ
https://www.kadokawa.co.jp/
（「お問い合わせ」へお進みください）
※内容によっては、お答えできない場合があります。
※サポートは日本国内のみとさせていただきます。
※Japanese text only

定価はカバーに表示してあります。